쇠똥구리 씨에게 말해야지

리토피아포에지 · 118
쇠똥구리 씨에게 말해야지

인쇄 2021. 8. 20 발행 2021. 8. 25
지은이 송창현 펴낸이 정기옥
펴낸곳 리토피아
출판등록 2006. 6. 15. 제2006-12호
주소 21315 인천광역시 부평구 평천로255번길 13, 903호
전화 032-883-5356 전송032-891-5356
홈페이지 www.litopia21.com 전자우편 litopia999@naver.com

ISBN-978-89-6412-147-4 03810

값 9,000원

* 이 시집은 2021년 한국예술인복지재단 신진예술인 창작지원금(창작씨앗)을 일부 지원 받아 제작되었습니다.

송창현 시집

쇠똥구리 씨에게 말해야지

문학과 유토피아
LITERATURE & UTOPIA

시인의 말

선생님이 지평선 끝에 한 송이 꽃으로 앉아 계신다. 길을 걷다 보면 보도블록 멀리 간판이 눈앞에 성큼 다가온다. 소년은 희로애락이 혼자 사는 것인지 궁금하다. 암자에 오르니 풍경이 묻는다. 내가 너를 못 본 것이냐, 네가 나를 못 본 것이냐.

좌선과 무술 요가가 일기를 쓴다. 그날 저녁 내내 불쏘시개로 일기장이 탄다. 활활 타는 종이들 속으로 공부하던 장면들과 숨소리도 발소리도 남기지 않고 가로질러 간다. 머릿속에 콕콕 박힌 갈증을 해소하려고 전국을 장돌뱅이로 돌아다닌다.

곁에 있던 역마살이 잠시 숨을 돌린 날이다. 잔잔한 아쉬움이 파도가 되고, 불꽃 가슴이 내가권 팔괘장과 태극권을 만나 두문분출한다. 쉬지 않고 온 길에 얻은 것은 몸이 스승이고, 학생은 자세와 동작으로 올라가지 않고, 공부는 의식 속 뿌리로 쏟아진다.

햇살 환한 날 시가 눈동자를 뚫고 들어온다. 갑자기 머릿속이 꽉 막히고 안개가 빤히 쳐다본다. 글은 새겨지지 않고 날아간다. 먹먹함이 가슴을 건너지 못하고 걸터앉는다. 시를 입 안 가득 깨문다. 문장과 시들이 의식 속으로 머리를 들이민다. 새벽 그림자가 춤춘다. 향기가 그늘 아래에 바싹 붙어있다.

2021년 여름

송창현

차례

제1부

제2부

제3부

제4부

| 제1부 |

여름밤을 바느질하다

낡은 주걱이 솥단지를 긁는다. 부엌문 위 시계 초침 소리가 할머니 등으로 파도친다. 늦은 여름밤 할아버지 등줄기가 구불구불 자전거 페달을 밟는다. 땀방울을 업고 오는 소리에 할머니 눈망울이 보일 듯 말 듯 쫓아간다. 할아버지와 할머니가 온종일 젊어진 등을 감싸 안는다. 밥상머리에 하루가 들릴 듯 말 듯 백 년을 이어간다.

한밤 휘어진 등으로 드르렁드르렁 울리는 것은 뼈아픈 속사정이다. 아무에게나 들려주지 않는 호젓한 인생길이다. 밤새 듣다 보면 할아버지 등줄기에 달빛 여인네가 담겨있다. 할머니 등줄기에 햇빛 남정네가 담겨있다.

별무리 내려앉은 옆자리에 주걱이 잠들었다. 새벽 콧방울 소리가 시계 초침 소리를 넘는다. 여름밤이 할아버지와 할머니 등줄기 마디마디를 꿰어간다. 지상에서 해와 달이 마주 보던 잠을 자던 향기가 바느질을 멈추지 않는다.

봄빛, 봄비

봄빛이 세상을 가로질러 심장 떨리게 가지를 부른다.
밤새 꽁꽁 언 기다림이 신비로운 목소리에 얼굴을 내밀고,
봄빛 보드라움이 흰 눈 속을 파고들어 수 만 번씩,

톡톡톡,

천년 바다 구름이 봄비를 뿌리며 연두를 깨운다.
어미새가 우는 둥지에 그리운 생이 목마름을 달래고,
봄비가 겨울 머금은 가슴을 쓸자 검둥아기새들이,

포르르,

산중 보름달과 가슴앓이

그가 산중 보름달과 가슴앓이다. 독경 소리에 묻히지 않는 풍경 소리 따라 앓음앓음 살얼음을 가르고 한 줄 물소리로 흐른다.

우듬지 속잎을 다 떨군 날 가슴에 청진기를 댄 의사가 상처에서 아름다운 소리가 난단다. 가슴앓이가 피운 붉은 꽃, 모진 속을 듣게 해주는 보살꽃, 저잣거리 나온 빈 가슴이 불붙은 몸살을 공양 받는다.

바위자락을 오른다. 가슴이 수묵화를 꽉 잡는다. 붉은 꽃이 화르르 마중을 나온다. 비우기만 하던 그가 불꽃과 함께 대상포진 속으로 뛰어든다. 가슴앓이가 오래도록 홧홧하다.

3월의 참새들이

꽃샘추위가 몰고온 사철나무 참새들,
살소름이 외출을 못하고 쪼그라들다가,
바람이 시린 가슴에 닻을 내리다가,
진저리치다가 자지러지다가 재잘대다가,
수심이 한뎃잠을 자다가 달콤함이 찾아오다가,
하늘 높이 재잘거리다가 봄 한 입 깨물다가,
달궈진 해 떠오르거나 꽃밭이 아늑하거나,
봄 젖몸살에 웃거나 그리움이 짙어지거나,

고모리 욕쟁이 할머니*

낮과 저녁 사이 봄은 누군가와 떠났고,
꽃은 짧은 햇살을 모아 물기를 머금는다.
정이 쌓인 언덕으로 날아오는 여름밤,
어둠이 누군가 흩어놓은 이야기를 듣는다.

물결에 떠있는 시선이 더운 바람에 날리고,
메아리치는 이름이 물안개를 일으킨다.
바람을 타고 언덕으로 올라오는 발자국,
욕쟁이 할머니가 식당 담벼락에서 바라본다.

저물지 않는 이름을 손님에게 묻는 바람에
한차례 푸짐한 욕이 더운 바람을 몰고 온다.

*포천 소흘읍 고모리 저수지 둘레길에 욕쟁이 할머니가 시래기밥집을 한다.

터지도록 노래 부른다

아침에 일어나니 몸이 좁쌀 만 하다. 좁은 몸속 심장이 운다. 작은 입 살구꽃을 부른다. 욕심에 봉긋한 목련꽃을 부른다. 심장이 쫑긋, 발끝이 발끈, 꽃잎에 묻히려 목청을 돋운다. 오롯이 코끝 세우고 두 팔 벌린다. 봄빛 칼날에 목소리 잘려도 심장이 구름판을 구른다.

흩날리는 자그만 꽃잎을 사랑한다.
한 잎에 마음 무거워도 사랑한다.
하늘이 눌러도 찌를 듯 사랑한다.
지구에서는 이룰 수 없어도 사랑한다.
뛰어오르다가 불시착해도 사랑한다.

꽃잎 벌어지면 비좁은 곳으로 사랑이 쏟아진다. 가슴속 몽글몽글 울음이 솟는다. 다리가 휘청휘청하며 다가간다. 씨알 고집이 사랑한다고 우주가 터지도록 노래 부른다. 밤새 들은 척도 안 한 꽃잎이 활짝 웃는다.

쇠똥구리 씨에게 말해야지

구만리 금수강산에는 삼천리 하늘이 헤집고 다니며 산다지.
솔바람 까까머리 할아버지가 말씀하시지만 실은 거짓말이지.
긴 손가락으로 하늘을 찔러봐도 눈물 한 방울 흐르지 않지.
칼로 물을 베고 도끼로 바위 쪼개 봐도 눈물 한 방울 없지.
푸른 나무들은 땅속 깊이 들어가 이슬을 먹고 사는 거야.
할아버지는 눈물 없이도 파란만장하게 사는 법 알고 계셨지.
할아버지가 되면 눈물 없이도 살아가는 경지를 알게 되겠지.
할머니들이 옹기종기 모여 앉아 있는 개똥쑥밭에 살아야지.
똥밭에다 눈물 묻일 일은 없다고 쇠똥구리 씨에게 말해야지.
눈물 한 방울 없이 산다고 해야지. 걱정 말라고 거짓말 해야지.
참말로 빛나는 양심이 시려 오는 것쯤이야 상관없다고 할 거야.

외가댁 동백

목련이 갓 떠난 외가댁 대문 안에서 가슴이 벙글어진다.
설핏설핏 보았던 제비꽃들은 얼굴을 다 내밀지 못한다.
붉은 입들 수런대다가 버들잎 떠나는 낯선 향기 붙잡는다.

황토바람이 사근대면 민들레가 얼굴을 내밀기도 하지만,
아직도 안덕벌 붉은 소바위가 사는 땅에 들어서질 못한다.
음매음매 엄마를 부르는 채송화밭에 동백꽃이 숨어 있다.

할머니께 할머니집 동백이 정말 동백이냐 묻지 못한다.
우암산 그늘달이 속마음 드러내며 구름 속으로 숨는다.
대문 안 동백꽃이 동백이듯 동백이 아니듯 부서지게 운다.

한 점

창밖에 꽃잎 한 장
엉덩이 멍들도록 내려앉는다.
밤이슬 툭툭 털고 일어나서 포장도로를 걷는다.

흩날리는 봄만큼
서두르는 아홉 발자국 가볍다.
꽃잎들이 내지르는 외침이 세상살이를 여닫는다.

바람이 치고 때리고
베고 자르고 찔러댄 한 점,
꽃 진 자리에 빛나는 보물지도 한 장 펄럭인다.

바람 타령

코를 간질이고
볼을 만지는 바람이 유행가 부른다.
시냇물 개울로 강으로 바다로 흐르며 꽃을 내민다.

연둣빛 원피스 잘록한
허리 붉은 날개 향기 나풀댄다,
꽃바람이 머리카락 날리며 발걸음 종종 애를 태운다.

남쪽 바다에서 다순
바람이 어느새 달려와 호호 부를 때,
천리길도 소리 없는 바람 발걸음이 아장아장 다가올 때,

구멍 난 러닝셔츠
몸빼바지가 낡은 호미자루에 익어간다.
농군 아내 바람 타령에 논밭 이랑이랑이 고개를 내민다.

천지빛깔 달고나꽃

달고나 물자마자 한입에 만원 한입에 만원 한다. 모래 날리는 날 언덕을 넘어온 전사가 되어 허겁지겁 먹는 맛에 밤하늘이 환하다. 맛본 입꼬리가 쉬지 않고 눈빛이 예사롭지 않다. 모래 가득한 입안을 헹구니 심장도 헹궈지고, 위도 세척되고, 구불잘록 흔들어 직장 문이 열리고, 오아시스 길이 흐른다. 뒤통수가 간지럽게 맛없다 하면 손해가 백만배라 낙타 봉우리 마냥 주변머리도 혹부리로 드러난다. 꼼꼼히 적어놓은 레시피도 회원으로 가입하면 우선순위로 호수 만 한 달고나를 맛볼 수 있다.

광고에 좋아요 누르면 간절한 달고나를 무료로 맛본다. 전사들마다 먼저 누르겠다고 눈망울이 아우성이다. 달무리 잡고 문턱 꼬리를 물어도 명인네는 전사들로 연년 세월 너끈하다.

명인이 달고나에 꽃모양을 꾹 새겨준다. 달고나꽃을 꽃이라 불러주니 회원님 회원님 꽃도 최고예요 한다. 모래밭 입안들 달빛 떠날세라 명품 달고나꽃을 물고 천지빛깔이다.

작은새

밤이 오솔길을 꼬박 달려와 아침에 솟을대문과 만난다. 문을 살짝 열자 밤새 앉았던 뻐꾸기 푸드덕 날아간다. 오십여 발자국 마당에 선들바람 조는데 어린새 떼놓는다. 백년을 살아오신 할머니가 잠들라 솟을대문을 꽝 닫는다. 쏟아낸 사연 적을까 텅 빈 마당에 어린새 크게 울어댄다. 할머니가 도대체 도대체 하시다가 다가가 주먹을 잡는다. 어린새 봄빛 주먹을 펼치자 연두나무가 잡고 일어선다. 초록빛 우주 통곡보다 작은새가 왔다갔다는 할머니 말씀, 활짝 웃으시는 할머니 양 갈래 머리로 뙤약볕들 옹기종기, 양 갈래 꽉 물은 땀방울 시름에 작은새 소슬바람 물어온다.

바늘귀에 꽃 피우는 남자

아저씨, 아저씨가
밤마다 얼굴을 다듬으니 잠을 설쳐요.
처음에는 얼굴을 깎더니 어둠의 시간을 새기고 있어요.
숨구멍 빚어놓은 게 별빛 파도를 타며 꺼이꺼이 웁니다.

아저씨, 아저씨가
밤에 얼굴을 다듬는 뜻을 모르겠지만,
슬픔이 사각사각 벽을 뚫고 어머니 따라 누이네로 가네요.
누이 먼 나라 가는 길이 바늘귀로 좁아 삐걱삐걱 웁니다.

바늘귀로 파고들어온
새김질 소리가 소리를 삼키려니,
어머니 말씀하시네요 어둠도 잠 못 이루는 세상이구나.
가느다란 바늘귀가 펄럭, 울음도 어둠 속에 꽃을 피웁니다.

옆집 개로 태어나다

옆집 개로 태어났습니다. 하룻밤 별천지가 쏟아집니다. 아저씨는 화려한 집과 장식품 사재기로 개 전용 마트에서 카드를 긁고 또 긁고 긁습니다.

아침 뉴스에 개와 같이 살면 세계 시민권을 준다고 아저씨 입술이 헤벌쭉 늘어집니다. 우리도 환호하였지만 어떤 친구는 시무룩합니다. 바람 피우지도 않고 속을 썩이지도 않는 얌전이로 태어나 인기가 모른 척 우두커니 서 있다네요.

점심에 아저씨가 집 나간 얌전이를 찾아 달래느라 개 정신병원으로 상담하러 갔습니다. 사람들은 사랑을 받으면 사랑을 곧바로 주는 은혜로움을 갖췄다지요. 꼬리를 까닥거려도 보지 않는 사람들은 기쁨조차 외롭게 부서집니다.

저녁 산책에서 우듬지 나무 위로 고개를 내미는 달빛에 아저씨 눈빛이 벌겋습니다. 저 태양빛이 꺼지는 날까지 우리들에게 카드빚이 카드 빚으로 다 써보는 게 소원이라 합니다. 국가에서 무제한 카드가 발급되는 날이 어서 오기를 반짝반짝 기도합시다.

내일부터 태어나는 모든 개들은 펫 전문 센터에서 놀이 공부를 합니다. 사람들은 코로나로 여행도 못 다니지만 펫 전용기로 유학을 갑니다. 친구들과 정신없이 노는 인증샷만 SNS에 올리면 집으로 가는 길은 잊어도 됩니다.

오늘 밤에도 그 개꼬리가 그 개꼬리인 듯 까닥이면 아저씨 가슴에 출렁이는 발발 꽃순이 아지매도 태어납니다. 차곡차곡 잘 지내보자고요.

엄니 머릿결

달빛이 엄니 머리 위로
빼곡한 가지들을 헤치며 다가온다.
밤새도록 하얗게 쌓은
세월이 앙상한 그림자를 드러내고,
달이 뒷산으로 돌아가기 전에
뭉기적대는 흰 눈을 녹인다.

어제부터 기다린 구름이
새벽 숨결을 타고 이슬을 떨군다.
하얗게 시간이 놓고 간 자리
그리운 뿌리가 새순 돋우면,
어둠별이 달빛 타고 와
밤하늘에 엄니 머릿결이 까맣다.

섬집 찔레꽃

봄을 보내버린 밤섬*이
그놈 장맛비를 보쌈해서 엉금엉금 민박집을 오르던 날,
오뉴월 달밤 눈빛을
거무스름 구름들이 밤새도록 휘감아 휘감아 내려앉은 곳.
두 눈 벌건 장미들을 비집고
태어난 찔레꽃이 아침에도 사랑을 떨구지 않는다.
뽐내는 장미 넝쿨 안으로 안으로
찔레꽃이 바르르, 창문 틈을 덮으며 또 바르르,
그렇군, 외딴섬에서 살아가는
아지매 청춘을 따라간 이별에게 이별 없이 찾아가,
오래된 장미가 젖도록
연분홍 한 생이 삭아진 문틀에다 웃음도 울음도 찔러댄다.

*밤섬 : 경기도 남양주시 진접읍 밤섬유원지. 40년 전 중학생 때 가서 놀던 옛 정취는 없다.

집으로 가는 소리

영등포역 여름밤이 벼락 치는 소리를 내뱉는다.
완행33호 졸다 검은 연기 왁자지껄 싣고 나온다.
고요를 잡고서 왼쪽으로 덜컹, 오른쪽으로 덜컹,
캄캄하고 갑갑한 화통이 별빛들을 쏘아 올린다.
열차가 시치미 떼고 심장을 쫄깃쫄깃 뒤흔든다.

등골을 깨우는 소리, 산꼭대기 울음이 웃는 메아리 소리, 들판 휘파람 소리, 천리만리 두 손이 담아 가는 길. 언덕에 소 뗑그렁 소리도 담아가고, 하늘땅 꿰매는 철길 소리도 담아가고, 읍면리 바람들도 태워주고, 구름들은 가끔씩 소피 보라고 내려주고, 삶을 툭툭 털다가 깜박 잠들면,

와와 안덕벌.

어느새 담장도 가는 귀를 기울이고,
컹컹이도 뒤꿈치를 일으켜 세우고,
할머니 큰 웃음소리도 고개를 내밀고,

뭇별이 만나는 거울문

어머님이 아내가 운전하다가 별빛이 지나가면 비켜주고 손을 흔드는 것을 룸미러로 봤다고 알려주신다. 창가에서 뭇별이 웃는 사이 별 자국들이 귀뚜라미 지나가는 길마다 줄줄이 더듬으며 따라간다.

저 별 자국만 따라가면 서쪽 석가모니 마음도 지우며 쳐다보는 요술 거울로 만날 거고, 저 별 자국만 따라가면 연암 박지원 우정에 크게 한 번 울어볼 만 한 흰 수염으로 만날 거고, 저 별 자국만 따라가면 노벨상을 비꼬는 보르헤스가 만든 우주도서관 거울문으로 만날 거다.

와, 저 뭇별이 연못으로 따라오면 할머니가 처녀 때 가슴을 물리며 울렁인다지. 오, 저 뭇별이 아내와 딸 가슴문도 잡으면 얼른 그리스인 조르바로 만나야지.

꿈이 향기로 살자 향기가 꿈인 척 산다

1.

벗, 또 다른 나,

친구와 손이 닿자 왼손 오르손 향기가 떠나지 않는다.

2.

아침에 누구를 만나느냐에 따라 기억이 찰싹 달라붙고 세포가 사망신고를 안 한다. 담벼락에 늙지 않는 능소화가 쭈글쭈글 등을 보이고 엉거주춤 뒤꿈치를 떤다. 또 다른 벗을 끌어안고 뒤꿈치로 펌프질을 한다. 가까이 다가가 보니 벽화 그림자가 아홉 시와 삽십 분이다. 하필이면 좁은 골목에서 향기가 헛다리 인생을 잡아놓고 구애의 빛이 가득하다. 금세 동네 은행 지점장이 다가와 고객님 사랑한단다. 사랑 소리가 차가운 박카스와 꿈에 대출 전단지를 꽉 잡고 있다.

3.

뿔뿔이 흩어졌던 동료들이 하나 둘 모임을 시작한다. 전국을 둘러봐도 벗 만 한 행운이 없단다. 우울한 꽃도 따뜻하면

화사하다는 이해심 많은 바람둥이 친구가 코로나에 묶였다. 하지만 길섶에도 보금자리가 있다고 떠돌이를 청산하고 돌아왔다. 떠도는 버릇을 한 달만 참아보기로 한다. 한 달만 참아 보기로 한 보금자리가 얼음장이 녹지 않자 버릇을 쫓아냈지만 보도블록이 여전히 지나는 발목을 잡고 있다.

4.

더운 숨소리가 맥없이 퍼트린다. 순결한 코골이가 바글바글하다. 전철에서 꾸벅대다가 눈을 떠보니 그 모든 키득거림이 나였다고 울렁댄다. 출렁거리는 고개를 일으키니 옆에 기타를 안고 있는 이가 리듬감 있게 잘 잔다고 한다. 어느새 옆지기와 여행을 시작한다. 자기 자랑에 자기 잇속으로 하루를 보내는 게 불편하다는 가사를 듣는다. 듣기 싫은 가사들이 소중함을 대신하고 있는 꿈같은 일이 벌어진다.

5.

꿈이 향기로 살자 향기가 꿈인 척 살던 일 년간 공들인 가슴을 날려 보낸다. 꿈이 허전한 주머니를 떼어내며 울음을 달랜다. 취득한 바텐더 증도 향기를 참을 수 없어서 장롱 안에서 두고두고 독하게 산다. 꿈이 소원인 척 향기가 평생인 척 친구 놈이 하루를 못 참고 치킨과 소주를 안고 절뚝절뚝 찾아왔다. 오지 않을 거란 상상이 실패를 하자 들통난 헤아림을 꼬드겨가며 비틀비틀 지구를 달린다.

사막에 불시착

잠들다가 깨어나면 사막에 불시착한다.
하필 반기는 태양이 제집이라고 뜨겁다.
타들어 가면 의사도 없다 오래 살고 보자.
내 집 위로 은하수 강줄기가 멀기만 하다.

우리 마을로는 눈사람도 오지 않는다는데,
저 달이 포근하다니 살갗에 소름이 돋는다.
족장이 이왕 안 되는 일이 잘 되는 일이란다.
사막딱정벌레* 등에 물방울로 별들이 깃든다.

*사막딱정벌레: 사막딱정벌레는 등에 큐티클층(각질층)이 있어 공기에 들어 있는 수분을 물방울로 만들 수 있다. 덕분에 이 딱정벌레는 매우 건조한 사막에서도 잘 살아남는다.

| 제2부 |

몸, 거짓말 잘하는 선생님을 찾아가기로 했다

오른쪽 팔꿈치 엘보가 병원을 다녀도 꿈쩍 않는다. 아픈 쪽을 까맣게 잊으니 팔꿈치에 꽃이 핀다. 의사가 얼음을 뜨겁게 녹이니 밝은 꽃이 그늘로 스며드는 거란다.

허리가 아파서 다닌 기억이 난다. 의사가 시큰거리면 안 아픈 쪽으로 꾹, 꾹, 꽃씨를 심으란다. 이제부터 아프면 안 아프다고 거짓말을 몸에다 뿌리면서 살기로 했다.

잠을 자지 않고 쓰는 버릇이 생긴다. 고개가 수렁에 빠져서 병원을 찾아간다. 수면이 자리를 비우면 빈수레가 착각해서 요란하게 달린단다. 별안간 떨던 놈이 멀리 달아난다.

친구가 병원을 사랑하기보다 저녁 밤과 술을 나누며 살기로 했다. 걱정이 사라졌다고 자랑이다. 요가와 태극권을 하는 겁쟁이는 거짓말 잘하는 의사 선생님을 찾아가기로 했다.

물방울이 등을 긁어주고 가면

물방울이 공원 잔디밭 위에다 긴 고랑 하나를 파놓네.
피잉, 아침 햇살도 한바탕 도랑에 푸르스름을 남기네.
햇빛 활갯짓에 얼굴이 화끈화끈 벌건 가슴 다 드러내네.
꽃가슴이 새야 불러도 마냥 물방울을 물고는 말이 없네.

물방울이 새들 등을 긁어주고 가면 흠뻑 배어 앉아만 있네.
햇볕이 돌아앉으라고 소리를 질러도 앉아있기만 하네.
거기, 고개 숙인 곳에 모르는 아련한 것들이 몇이나 있나.
젖은 등이 마르도록 다가가도 말없이 목만 축이는 새들.

창끝에 향기가 춤춘다*

교회 앞 잔디밭에서 란나찰*이라는 창술槍術을 하는데,
할머니가 창끝을 보며 젊은이 뭐하는 겨 하고 묻는다.
창끝에 꽃을 피우는 연습 혀유. 교회 앞이라 안 되남유.
할머니가 아니여 쉬엄쉬엄 피우구, 커피 한 잔 혀 한다.
죄송혀유 커피는 그렇구유 다른 건 없남유.
눈썹 진한 할아버지가 씩 웃으며 쌍화차는 어뗘, 한다.
순간, 커다란 파도가 밀려오는데 창 끝에 향기가 인다.
아, 고수님들이다 바짝바짝 파고 들어오는 향기가 춤춘다.
이다음 겨울에는 절 마당에서 창끝에 꽃을 피워야겠다.
부처님이 차 한 잔 하자 하면 국화차 정도는 괜찮겠지.
하느님 나라에서도 부처님 나라에서도 차 한 잔 마실 뿐인데.
창끝에 매일매일 향기가 춤추면 괜찮겠지.

*'칼끝에 천하를 춤추게 하다' 책 제목 인용함. 저자 조민욱. 황금가지 출판사.
*란나찰攔拿扎: 밀접한 창술槍術 움직임이다. 란은 바깥으로 돌려 걷어내고, 나는 안으로 돌려 누르고, 찰은 앞으로 회전 찌른다.

작은 다락방에 가족들이 있다

아무도 살지 않는 작은 다락방
마루바닥에는 별의별 가족 일기들이 있다.
꿈을 꾸는 바닥과 잠들고
새벽을 달리는 바닥과 깨어나는 궁금증들이 있다.
마루바닥이 어두움을 몸에 들이면
울창한 별빛이 바스락 흔적을 쌓는다.
별들이 쏟는 기쁜 향기와 흘린
슬픈 향수들이 바닥에 제 나이를 밀어 넣는다.

밤마다 다락방 마루바닥이
달빛과 별빛을 불러와 풀 한 포기씩을 그린다.
나무였을 때 땅에서 물에서
불꽃에서 바람에게서 담아온 꽃들이 휘날린다.
세상이 시끄러울 때마다
다락방으로 오르고 오르는 뭉개진 발자국이 있다.
소슬바람 불면 눈도 코도 입도 귀도
미처 챙기지 못한 천 년 꽃들과 살러 간다.

농부를 찾아온 무지개

밤새 젖은 담쟁이넝쿨이
일어나 수줍은 고개를 털며 인사한다.
여름내 담장에 누운
마른 감나무꼭지 아침 물방울이 꽃피운다.
삽살 강아지 활짝 핀
무지개 타고 찰떡스러운 발로 따라붙는다.

허리 굽은 그가
몹시도 기다리던 가을 벼꽃 소리를 듣는다.
푸른 얼굴 노랗게 익으며
저녁이 일어날 때 들녘을 잡은 벼끝.
벼들이 노래하면
무지개빛 밥그릇 물고 달려오는 어미 삽살개 있다.

말하는 고향에 살아요

아무것도 아닌 계곡마을에 살았어요. 해발 구만 미터에 지나가는 해그림자가 얼어버리는 곳이에요. 밤을 잔뜩 먹고 바람소리를 들으려면 앉아 쉬어야 해요. 언제나 바보같이 속 보이지 않는 입구멍을 닫고 웃었어요. 달빛이 찾아와 무릎에 앉으면 지구구멍을 벗어났어요. 지구를 빠져나가 어둠을 넘으면 집이 보이는 듯 보이지 않는 듯 보일 때서야 북극성에 들어갔어요. 우주는 담도 없는데 북극성이 사는 거실바닥이 천국 안이었어요. 새벽 발자국을 들은 강아지가 짖으면 집으로 돌아왔어요. 머리에서 발까지 화가 나 지구에 가두는 지옥이라 했어요. 지금은 저 불수사도북* 마을에 살아요. 마을 이름은 매미 소리가 들리는 말하는 고향이에요.

친구가 없었는데 우편함으로 왔다가는 보이지 않는 친구를 만났어요. 두 손을 맞잡으면 푸른빛으로 물들어요. 웃음이 잡은 일은 한 가지뿐이래요. 친구인 친구를 찾아서 친구가 친구를 찾아와요. 친구는 친구가 되고 친구가 떠나가면, 친구인 친구는 친구를 찾아 친구한테 찾아가요. 둘과 둘

사이는 슬픔도 우편함에서 웃지만, 기쁨도 슬픈 조각을 깨물며 바라봐요. 용솟음치는 차 한 잔 속에서 머물다 왔어요. 매미 소리가 뜨거움을 삭히는 친구를 계속 만날 거래요. 상상 손바닥으로 행복한 일이 올 거래요. 이제 씻고 옷을 입고 밥을 차려먹고 설거지를 하며 노래를 부르고 맘껏 울어도 실컷 웃을 일이에요. 참으며 하는 게 일이에요. 아무것도 아닌 만남이 흐릿해지다 뚜렷해줘요. 모든 설왕설래가 운이 좋은 일이에요. 가끔은 내가 아무것도 아니에요.

일만 개 손을 펼치다

노인보다 나이 많은 헌 책이 심장을 우주까지 꾹, 꾹, 잼잼한다. 우심방 깨우는 문장 오른쪽 손들이 생명 있는 땔감을 넣는다. 좌심방 만지는 문장 왼쪽 손들이 재주 흐릿해지면 불꽃을 살린다.

꽃별을 뒤척여 가는 손길이 꽃이다.
물길을 헤엄치며 가는 손길이 있다.
벼락을 일으키는 손길이 빼곡하다.
바람 잘 날 없는 시련 손길이 한없다.

머리에서 발끝까지 오작교 있는 강변을 매만지는 일만 개의 손, 하얗게 염원이 쌓인 헌책을 업고 집에 오르는 등을 껴안는다. 불쑥 문장 안에서 가슴 불꽃 다발들이 활활 타오르는 동안, 노소미추老少美醜 고향에 꽃 피우느라 손들이 풀무질이다. 책바람이 상상밥 짓느라 푸른 불씨 자욱한 연기를 확확 분다.

숯검정 두어 섬 불꽃이 되다가 여러 해 잿가루를 태우는 바람 살리는 손들이 가득하다.

살맛 나네 접촉사고

젊고 늙은 개가 부딪히는 순간
뜬금없이 열네 시 알람이 파고든다.
몹시 요란한 소리가 귀 밖으로
떠나가지 않고 심장으로 쾅쾅 떨어진다.
사정없이 울려대는 소리를
지구가 들었을 법한데도 모른 체 돌아간다.
시침 떼고 봄과 여름이 바람난 날이다.
가을과 겨울이 맥 빠진 날답다.
음력 삼월 이십구일에 양력 유월 십일
오늘도 그림자에서 장미꽃이 핀다.
그늘막 밀려오는 위로 달려가는 햇빛이
조용함을 가져가지 않는다.
억만년 오가며 인연과 인연이
꽝 만나는 날 길가에 차량이 멈췄다.
세상 조용할 때 애완견
엉덩이가 접촉사고를 끌어안고 뻘겋게 짖는다.

사과에 빠져드는데

뒷산 바람이 가만가만 달콤을 불어대는 찰나,
사과꼭지에서 밑동으로 웃음 자국 가득하고,
여름밤 헛기침이 사과에 눈길자국을 남긴다.

달빛이 주인 없는 둥그런 사과를 찾아갈 즈음,
하늘 찌를 듯이 나무를 움켜잡고 깨무는 소리,
한밤 개미 사과를 물어대며 사정없이 빠진다.

개미 발자국 따라온 달빛 발뒤꿈치가 내려올 줄 모르는데,
개미가 사과에 풍덩 들어서자 별빛 바다가 헤엄쳐 오는데,
사과가 손을 당기자 벌써 가을밤 발자국이 달려오는데,

사과꽃이
나비를 데려간 사과밭에 개미가 첫사랑에 빠져드는데,

곧게 핀 장미

아파트 배달 마치고 허리가 굽어진 담벼락에 앉는 김 씨,
종일 쌓아놓는 박스를 나르는 걸 오랫동안 지켜본 담벼락,
삼십 년을 보낸 그늘 아래에서 서로 말 한마디 하지 않는다.
구부러진 등 맡기고 앉아 누구냐 묻지도 않으며 땀을 식힌다.

해질 녘 얼굴을 보지 않았지만 오늘의 노을 이야기 듣는다.
놀러온 바람이 귀 기울이고 저녁 여덟 시 백반 아저씨가 온다.
짜글짜글 된장 수다를 다리 위에서 오래도록 듣던 장미,
향기가 내려와 구부러진 등에서 벽까지 장미를 그린다.

낮이고 밤이고 본전이다

여름 새벽이 가을 선선함을 데려온다. 아침에 다시 더워진다. 더위가 그렇지 본전이다. 갈바람이 문앞에서 주뼛댄다. 비를 만나자 활개 친다. 비가 떠나자 바람 잘 날 없던 짓이 본전이다. 아이가 온종일 울기만 한다. 엄마를 보고는 말없이 웃는다. 질퍼덕 슬픔이 본전이다. 우체부가 우편함에 책 봉투를 넣다가 뺀다. 옆집 우편함에 넣는다. 빈 우편함에 책이 안 오는 이유가 역시 본전이다. 공원 나무가 빼곡한데 나뭇잎만 연신 왔다갔다 한다. 늦더위 바람에 썰렁한 것이 본전이다. 손바람이 딸 머리를 헝클어댄다. 엄니가 손녀 머릿결에서 처녀 때 향기가 난단다. 바람 같은 세월이 잠시라 본전이다. 소낙비가 발끝까지 닦고 지나간다. 채소 파는 난전 할머니가 외친다. 비가 불볕더위를 쓸고 가 풀 죽었던 채소가 파릇파릇 금방 팔린다. 한낮 찜통더위가 날아가고 동네 아줌마들 만나니 또 본전이다 본전이다 홍얼댄다.

젖은 나무

한 씨가 조각을 할 때마다 화선지에 웃는 부처를 그린다.
수묵화 부처 얼굴대로 만든다고 산에서 젖은 나무만 찾는다.
석양빛 맨발 그림자가 금세 밤이 올까 숲속을 헤집고 다닌다.
그늘이 누가 부르지 않았는데 슬그머니 엉덩이를 일으킨다.
침묵하던 바람이 서성거리다가 한 씨 등을 한쪽으로 떠민다.
한 씨가 붉은 달이 뜬 자정에야 잔뜩 젖은 나무를 안고 온다.
작디작은 나무에서 곱디고운 얼굴이 보인다고 히죽댄다.
손바닥 만 한 나무를 껴안고 잠들다가 꿈에서도 활짝 웃는다.
한 씨 따라 웃는 젖은 나무가 모로 누우며 눈물을 쏟아낸다.

영감님 탓

아내가 자꾸 말을 시킨다. 말 시키지 말라고 책이 눈에 안 들어오잖아. 스르륵 추억이 잠으로 쏟아진다. 자꾸 말소리가 집을 나가서 일찍 돌아오지 않는다. 말소리가 천둥 번개를 치며 비를 우르르 데리고 온 밤이다. 책이 눈 밖으로 버려져서 산비탈 조그만 녹색잎 사이로 고개를 내민다. 숲속 어둠이 뒤엉킨 추억 글자들을 삼킨다. 바람이 와락 태우는 어둠에서 샤스타데이지꽃이 펄럭인다. 칠월 여름이 한 잔을 더하자 늙은 눈을 통통한 줄기에 매달아 놓는다. 하얀 꽃 위에 하얗게 펼쳐진 꽃이 캄캄함을 삼킨다. 와르르 취기가 무너지자 그늘에서 더듬더듬 야생화를 찾는다. 밤새도록 젖은 몸이 마르지 않자 눈이 번쩍 뜨인다. 영감님이 꿈에서 돌아오자 어머니가 주신 헛개물이 어딨지 묻는다. 아내가 한 소리 한다. 말 시키지 말라고 드라마가 귀에 안 들어오잖아.

연못에 상처 한 송이

물웅덩이에 자갈이 쏟아지고
흙탕물에 풍덩 빠져도 얼굴을 내미는 꽃,
꽃을 더 깊이 심기 위해 꽃뿌리가
발톱이 빠지도록 자갈을 후벼 판다.
귀머거리인 듯 벙어리인 듯
우두커니 연못에 커다랗게 드리운 꽃,
왼쪽 추억밭으로도 쓰러지지 못한,
오른쪽 대지로도 나아가지 못한,
누군가의 멍울진 가슴으로도
달려가지 못하는 질펀함 위에 서있는 연정.
일찍이 저물녘 그림자가
계절을 넘나들 때마다 산 목숨이라고 울어댄다.
여름밤 장맛빗 파도에 노닐다가
가을을 껴안고 떠나는 이웃을 본다.
꽃잎이 숨 쉬면 상처가 철썩.
꽃빛이 숨 쉬면 연분홍 물빛이 일렁.
저물녘이 떠나고 일몰이
겨울 연못에서 허리가 휘도록 꽃씨를 심는다.

날마다 떠들썩

달빛 스르륵
소리가 한 뼘씩 부처님 손바닥을 흔들어대면,
옆에 보리수
붉은 얼굴빛이 밤하늘 길 따라 일렁이고,
고요한 석탑이
모른 척 하며 그림자가 왔다 갔다 할 때,
죽림이 옆구리
툭 치는 동종에게 그 이유를 물을라치면,
지구를 돌고 온
먼동이 암자를 까닭 없이도 깨워댄다.
새벽산이 날마다
왜 이러냐고 물으면 안부라 그렇단다.

나사

쿵, 떨어진
라디오 끄트머리를 사각 볼트가 죽을힘을 다해 잡는다.
온몸 부딪쳐
산산이 흩어지는 틈으로 육각 너트가 끙끙 끌어안는다.
해가 손끝으로
찌른다 눈을 뜨고 너도 나도 살아있는지 불러본다.
확인하는 몸이
뜨겁다 세상에다 소리 비틀며 무슨 말 하고 있는지.

라디오가 검정테이프를 동여 맨다.
주섬주섬 추스르는 몸에서 나사 하나가
겨우 새로운 삶으로 소리를 밀어 넣는다.
삐걱.

수탉이 피우는 붉은 꽃

부처님 손바닥 안 수탉 한 마리가 오랜 시간 두드려댄다.
꿩이 낳았다는 수탉이 손바닥 안에서 설움설움을 파먹는다.
부처님 손바닥 안에 꽃이 피자 스님들 염불을 서두른다.
손바닥에 붉은 꽃잎 날리자 꿩꿩 소리 절 담장을 넘는다.

보살 주름에 고인 눈물 굽이굽이 흘러 고향땅을 찾아간다.
부처님 손에 붉은꽃 촉촉히 흔들며 발길 따라 옛길 간다.
보슬비가 수탉에게 보살의 속사정을 보슬보슬 묻는다.
주름투성이 손바닥에 앉아 보살이야기 보슬보슬 듣는다.

감을 못 잡는다

감나무 아래에서 감을 바라보면서도 감을 못 잡는다.
앙상한 가지 부르르 부르르 꼬셔대도 헛춤만 추어댄다.
알아듣지 못하는 소리 감지덕지 감지덕지 주문만 왼다.

넓은 하늘이 요동칠 때 감이 주홍 눈빛으로 반짝인다.
어쩌다가 찬란한 선홍빛 찬란한 감 하나가 외눈을 뜬다.
날빛이 흔들리는 감나무 아래 젖은 감이 얼굴로 떨어진다.

바람꽃 따라

할머니
굽은 걸음을 따라 찔레꽃들이 치마 자락을 잡으려 합니다.
할머니
구부러진 무릎이 밭고랑 넘고는 울타리에 등을 기댑니다.
바람이
치마 휘감고 입맞춤을 하면 할머니 얼굴에 봄꽃이 핍니다.

할머니
터진 손등에 주근깨 가득한 찔레꽃이 얼굴을 비벼댑니다.
할머니
구부정한 허리를 만개한 개나리꽃들이 일으켜줍니다.
바람이
검버섯 할머니 손에서 호미를 빼고 집으로 이끕니다.

눈물 마술사

노인이 눈을 깜박이자 입꼬리들 함박웃음 웃는다.
코로나로 그렁대던 사람들이 눈빛을 참지 못한다.
노인 눈짓에 눈물 콧물 몰아 꽃이 피우는 꽃이다.

| 제3부 |

빨랫줄 참새들

바람 잦은 날 빨랫줄 참새들이 오랜만에 흔들리고 있다.

바르르 떠는 울음을 잡으랬더니 갈수록 흔들리고 있다.
1번 참새가 빨랫줄에 피아노 도 자리를 꽉 눌러 준단다.
2번 참새가 혼자는 힘들다고 같이 래를 꾹 눌러 주겠단다.
3번 참새가 빨랫줄 받친 장대를 솜씨 있게 밀고 당긴다.
4번 참새가 다 같이 빨랫줄에 어울릴 음을 누르자고 한다.
5번 참새가 음치라며 막춤 추자 엄마 참새가 막막하단다.
6번 참새가 오리지널 사운드 아님 화음 누르기 싫단다.

날개 달아달라 울던 빨랫줄 한동안 숨죽이다 또 깔깔댄다.

아카시아

누이 작은 두 발이
시골 학교 위로 그네를 타면 아카시아 꽃잎들 따라간다.
하늘 바람 조심조심
능선 타면 누이 작은 발가락에 하얀 향기가 가득하다.

육십이여 환갑이여
누이 발끝에 아카시아향 휘날릴 때 접동새 찾아온다.
유월 밤에 아카시아
꽃이 솟으면 달빛이 휘영청 누이 발자국에 앉는다.

나의 잘못

모처럼 쉬는 날
건넌방에서 '와락, 능소화'를 소리 내어 읽는데,
아내가 아이들 늦잠
자는데 너무 시끄럽다고 한다. 나의 잘못이다.

차라리 탁 트인 곳이
나을 거 같아 공원 정자에서 소리 내어 읽는데,
젊은 아낙이 아이가
단어 암기하는데 시끄럽다고 한다 나의 잘못이다.

냉큼 배드민턴장에 있는
의자로 옮겨와서 시집을 마저 읽으려는데,
아저씨가 얼굴에 덕이
많다며 종교가 있냐고 한다 나의 잘못이다.

한참을 걸어
수락산 숲속 바위에 앉아 시집을 낭랑히 다 읽고 나니,
산바람에 풀잎이
어깨를 스친다 찰나, 땀방울이 주르륵 등을 쓰다듬는다.

봄, 속다

나른한 오후에 겨울이 시샘하는 법을 톡톡히 가르쳐준다.
꽃샘추위 그냥 보낼 수 없어 북풍한설이 덩달아 껴안는다.
눈꼬리를 아무리 굴려봐도 골목 안 봄은 온데간데없다.

감쪽같이 속은 봄이 골목 안을 엉금엉금 기어다닌다.
흥얼흥얼 봄처녀를 부르다 입이 얼어 가사를 까먹는다.
겨울눈이 매섭게 쏘아대자 봄, 깜짝 놀라 털모자를 쓴다.

제비꽃 반지

산비탈이 제비꽃을 못 본 지 한참 되었다고 투덜댄다.
제비가 오면 꽃들도 지지배배 지지배배 날개짓 한다.
꽃에 비틀대는 제비들 깔깔 웃다 엄니 볼을 꼬집는다.

제비꽃 피는 이야기에 해를 삼키는 서산이 슬깃 멈칫한다.
날갯짓하던 제비가 온데간데없이 엄니가 홀로 누워있다.
엄니가 밥 먹으라 호통치자 귓불에 꽃자국이 생긴다.

김밥꼬리

김밥 꼬리가 도마 위로 그녀 손길을 서둘러 따라간다.
눈부신 칼날에 망설임 없이 검은 꽁지를 내밀고 있다.
김밥꼬리 접시 잡고 온몸을 더듬어 흰 속 꼬리를 보인다.

김밥 꼬리가 까닥거리며 빈 식탁에 배고픔을 앉힌다.
검은 꼬리가 서두르는 손을 은밀히 잡아당기며 이끈다.
김치 손길, 단무지 손길, 국물 손길, 뜨거운 꼬리 손길이다.

국수가락꽃

젓가락이 국수가락 껴안고 가슴팍에서 불꽃을 쏘아댄다.
열무김치가 달뜬 얼굴로 바람 타고 와서 콩깍지를 씌우면,
혀를 덮칠 때마다 숨겨진 샘에서 야단법석 끝나지 않는다.

국수가락이 가슴속에 불꽃 던지며 웃음 이야기를 던진다.
혀에서 촘촘히 뻗은 국수가락이 심장 끝까지 불꽃 피우고,
젓가락이 손을 놓으면 국수가락이 부딪히며 또 꿈틀댄다.

눈물샘

공업사 정비공 서 씨가 눈물을 흘린다.
망치를 두드릴 때마다 땀방울이 솟는다.
트렁크가 살아날 때마다 기쁜 소식이다.

서 씨 눈이 밤을 넘기며 울먹울먹인다.
잦아지는 숨소리가 집으로 가자 한다.
굽은 등골이 와르르 눈물샘을 쏟는다.

참새와 아침

참새들이 짹짹짹 불어대면 여기저기 구름들이 모인다.
바람 잔뜩 먹은 이슬들 밤마다 구름 배를 타고 오는데,
텃밭이 뒤척이면 다리 꼬고 앉던 잎들이 나루터가 된다.

아침이 출렁거리고 참새들이 짹짹짹 이슬을 줍는다.
노인도 바가지로 이슬을 거두어 소주병에 채우신다.
참새들이 홍얼홍얼 노인도 이슬 털며 장단을 맞춘다.

올가미 얼굴

수만 개 햇살이 쏟아지는 날
바람이 지나가며 올가미를 일으킨다.
거미줄이 바람을 거슬러 숨을 들이마시면
풍진 주름이 나온다.
오래된 얼굴이 공중으로 숨을 뱉어내자
삼수갑산 풍경이 걸린다.

한때 물소리 들으며 잠잔 거미가
모진 세월 맡기고 출타한다.
애써 넘어온 봄바람 풍경 밑으로
납작 엎드려 입버릇처럼 되뇐다.
한참 풍랑이 떠들자
올가미 입을 벌려 소리소문 없이 삼킨다.

임자

조카가 산들은 다 임자들이 있느냐고 물어서,
저 나무나 풀도 다 임자들이 있느냐고 물어서,
새 벌레 물 바람도 허락 받고 사느냐고 물어서,
임자가 산보다 높아 더 오래 사느냐고 물어서,
오늘도 오래 사는 임자에 대해 대답을 찾는다.

눈물꽃

늙은 꽃손들이 꽃씨를 뿌린다.
깊은 자국마다 눈물을 심는다.
손길 가는 곳마다 꽃자국 핀다.

종일 허리 굽혀 꽃씨를 뿌린다.
허리 펴는 곳마다 꽃자리 선명하다.
늙은 꽃손 걸음마다 눈물꽃 핀다.

갈꽃

모래사장 끝으로 서늘한 바람이 다가온다.
머무르는 햇볕을 바람이 서둘러 밀어낸다.
바람이 서둘러 오는 것만으로 행복하냐고,
햇볕이 바람 오는 소리를 미리 들었냐고,

물새들 떠나간 곳 갈대밭이 쉼 없이 떠든다.
갈바람이 가을비로 갈꽃을 흔드는 소리다.
햇볕이 파고들면 갈꽃이 하소연을 쏟아내고,
휑하니 떠나가는 햇볕의 끝자락을 붙잡는다.

심마니 청년

산부리에 도라지가
도닥도닥 꽃대를 올리자 허공이 토닥토닥한다.
몸이 비틀비틀
휑한 바람을 잡다가 서둘러온 햇살에 비벼댄다.
청년이 발걸음을
옮겨갈 때마다 그리움이 쫑긋쫑긋 따라온다.
저 산 너머 심마니
눈망울이 방끗방끗 웃음을 앞세워 온다.

오늘도
세상인심 야속하다며 청년이 꺼이꺼이 산에 올라온다.
산바람에
구애가 울먹울먹 노래하다가 햇볕에 눈물이 마른다.
풀잎이
간절함에 지칠 때마다 꽃잎이 망설이지 않고 애태운다.
산도라지
아가씨를 보쌈하자 그의 엉덩이가 희희낙락댄다.

헛말

고기가 흙이야 막걸리가 물이야 외치는 노인,
노인이 흥얼대면 친한 농부가 술을 대접한다.
농부가 술값으로 마누라를 도와 밭일을 하란다.

막걸리를 따라 주는 농부 아내를 바라보는 노인,
낮엔 나와 일하고 밤엔 농부와 일하냐 농을 한다.
부인 깔깔대며 누가 중전이고 누가 후궁이냐 한다.

늦바람

옆집 마당에서 매일 소리치던 매미
가을이 슬쩍 다가오자 조용하다.
여름밤에게 되게 바람을 맞더니,
가을 바람잡이 따라갔나 보다.

일도*가 던진 말

탁발하고 돌아온 일도가 자란 머리카락을 자른다. 지친 손으로 머리 자르다가 짜장면을 시켜 준다고 한다. 밥값을 내겠다고 넉살을 떤다.

중국요릿집 꼬마 여자아이가 탁자 위로 머리를 내밀며, 아저씨는 어디서 왔어, 아줌마는 어디서 왔어, 물었단다. 그러자 방에서 나온 쌍둥이 아이가 뺨을 때리고 춤을 추더란다. 여자아이가 울자 때린 아이는 쏜살같이 도망쳤더란다.

일도는 왜 그랬지, 왜 그랬지, 하고 짜장면은 덩그렁 놓여 있다.

※일도 : 탁발승 법명.

불법주차

경찰 복장의 여인이 유리문을 보며 화장하느라 웃는다.
후줄근한 바지 지퍼 올리다가 오금이 등골로 찌릿하다.
무더운 여름 꼼짝없이 시동도 꺼지고 에어컨도 꺼졌다.
불법주차 차 안에서 여인 얼굴 보랴 땀 닦으랴 바쁘다.

상상 더하기

이층집 중학생이 두 손 쥐고 잼잼거리고 있는 창가, 아래에서는 이십 대 남녀가 온몸을 불태우고 있을 거 같지.

한 여인이 힐끔거리며 입술 삐쭉거리고 있는 벤치, 곁에는 한 남학생이 굳은 몸에 열심히 불 붙이고 있을 거 같지.

누님들이 어둠을 젖혀가며 뽐내고 있는 가로등, 아래 허기진 하얀 웃음들이 여릿여릿 몸들을 불태우고 있을 거 같지.

바이러스 돌아온 날

어두운 바닷속 별과 별에서 긴 여행을 마치고 돌아온,
그들이 코로 입술로 파고들어 사정없이 번식을 한다.
새와 돼지들 혀에서 나오는 숨소리마저 먹어 치우며,
겨울바다 얼음 녹이니 새로운 세상이 하루를 펼친다.

물가 새들이 깊은 잠에 들어가 더 스며들 곳이 없는 날.
돼지들 살이 빠질 대로 빠져 더 파고들 곳이 없는 새벽.
굳세어진 그들이 세상 어울림에 물들어 몸이 드러날 때.
그들이 도착한 겨울에서 빛난 동태 눈알이 툭 튀어나온다.

큰 웃음소리

살을 뺀다고 옆집 아저씨가 산에 업히어 오른다.
더듬거리다 돌부리에 걸릴라치면 찬바람이 불고,
호호카카 호호카카 알 수 없는 소리에 멈칫멈칫,
바람에 가로질러 와 코가 쭈뼛, 발자국이 바쁘다.

바람이 일으켜 주고 두 팔이 디뎌 올라선 봉우리.
빙빙 울리는 소리에 앉을라치면 육포가 떠오르고,
주머니 속 한 움큼 잡아도 말린 대추가 한 줌이여,
호호카카 호호카카 큰 바람 타고 산신령 지나간다.

| 제4부 |

게으른 미스 김 향기

해질녘 진달래
향기를 배웅하고 온 연한 보랏빛 봉우리가 코끝이 찐하다.
수수꽃다리 그늘이
간질이면 가장자리 자줏빛이 한 뼘도 떠나지 않는다.
터질락 말락 은은함이
갖은 방법으로 어제 다 피우지 못한 날개를 부푼다.
수수꽃다리 누그러지지
않는 숨소리가 해가 넘어가도 쉬지를 않는다.

먹구름이 여름비를
재촉해도 게으른 수수꽃다리 향기 발걸음에 머뭇댄다.
억척스럽게 살아오며
해를 넘어온 세월이 쉽게 날갯짓을 하지 않는다.
빗방울이 야속하게
꿈으로 몰아도 하룻밤조차 침실을 떠나지 않는다.
어제 수수꽃다리
향기가 오늘은 미스 김 라일락 품에 안겨 게으름이다.

시끄러운 해

아침마다 늦잠을 자야 하는데 뜨는 해가 시끄럽다.
입이 크지 않는 이상 저리 크게 노래할 수가 없다.
벨 소리 울리고 시끌시끌 스피커가 택배를 외친다.
상경한 사촌 누님 해가 가수라고 꼬드겨 초대했다.
해가 노래 부르면 사람들 시도 때도 없이 떼창이다.
날이 새면 트로트를 부르니 이파리들 시끌시끌하다.
지나가는 차마다 경적소리 시끌벅적 등골을 때린다.
엄마 손잡은 아이들 키가 노래를 들으며 와와 한다.
시끄러운 해 또 노래하자 창문 하나 목청껏 와작댄다.

밥이야 보리야

담 너머 단풍 배웅해준 날 마름꽃들이 마중 나와,
허기진 어깨를 일으켜 우르르 부엌으로 데려간다.
오래된 솥단지 밥물 물고 김을 삐죽삐죽 내밀 때,
엄니가 펴놓은 아궁이에서 연기가 쭈그리고 운다.

휘두르던 숨 가쁜 가을손을 마름꽃들이 잡아끈다.
할미 손을 밤낮 흔들며 찾아온 곡식보따리 주렁주렁,
콩, 조, 수수, 보리, 참기름들이 소원을 쏟아내면,
엄니는 밥이야 하고, 마름꽃들은 뜨거운 보리야 한다.

품안

노인도 여인도 그 자리가 내 자리라고 우기는 점심시간.
회사 빌딩 앞 쉼터에서 나무를 자른다고 타박하는 여인,
경비원이 쫓아와서는 노인 앞에서 회장님 회장님 한다.

한 시가 되니 서로 일어나서 제 갈길을 간다고 돌아선다.
매몰차게 버려진 휴지와 나뭇가지가 껴안고 돌아다니자,
청소부가 떨던 둘을 남몰래 꾹꾹 품안으로 끌어 모은다.

사연

그날부터 철쭉꽃이 산책길에서 봄에 우는 일기를 쓴다.
산 넘어 맞닿아 있는 낡은 돌계단 사이로 울면서도 쓴다.
울다 사라진 수락산 동네 누군가 눈동자를 위해 또 운다.

스며든 비가 이 밤중에 누추한 심장 하나를 떨어뜨린다.
고갯마루 할미국밥집에 기댄 이파리도 무성히 숙여지고,
때 아닌 때 뒤에 낡은 길을 잃지 말라고 이정표 사연을 쓴다.

십이월 꿈

올해가 가기 전에 남쪽 삼형제섬으로 다녀온다고 출발했다.
아주 가까운 바닷가 위로 차가 밀려들어 하염없이 서 있다.
기다림을 맞이하는 섬길 따라 이리로저리 발을 옮겨간다.
섬은 발자국을 만들고 얄궂은 파도는 눈물길 만들며 간다.

섬 하나 떠나려고 떠나도 정녕 떠나는지 알 수 없는 길,
육지는 넓어 갈 곳 많지만 발길 터주지 않는 거품이 있다.
넓고 넓은 물에 담갔다 드러난 하루를 사정없이 할퀴는 손,
철썩, 가슴속 얼굴을 씻기자 또 드러나는 첫 기억들이 있다.

삐걱삐걱

겨울하늘이 내려앉은 마당으로 문짝이 외친다.
웅크린 등을 토닥이는 소리가 두 귀를 깨운다.
심쿵한 삐걱삐걱들이 부채질할 때마다 심장이,
재잘재잘거리는 통에 잠을 설친다 봄바람인가.

문짝이 외치는 사이에 머리에 서리가 흐른다.
먼 곳에 밀려갔다온 첫소리가 소식을 묻는다
어느새 나뭇가지 그림자 자박자박 다가오는 밤,
밤새 울며 문짝은 겨울을 껴안고 봄을 외친다.

졸졸졸

어머니 마음에 햇볕을 가득 칠해가는 우암산 그림자,
발길들이 산성 넘어 약수터 길을 바느질하며 걷는다.
열심히 따라가다 굽어지면 졸졸졸 물소리 쉬지 않아,
싸리나무 칡넝쿨도 봄눈 녹이며 굽이굽이 길 만든다.

어머니가 만든 싸리나무 빗자루에 칡넝쿨 엮은 함지박,
부지런히 바람을 뚫고 소리 없이 노란 발자국을 찍는다.
멀리 갔다 온 봄눈이 어머니 따라 약숫물에 머무르는 날,
팔십 백발이 졸졸졸 봄 물소리 따라가며 소녀를 만난다.

바스락

별빛이 불러주는 마른잎 소리
듣다 보면 가슴 한편을 깨우는 할머니 노래 같구나.
겨울밤 어머니가 단풍나무 숲을
지나가다 멈춰 서서 둘째와 셋째에게 불러주신다.

옛 시절 돌아가지 않고 마른잎이
눈뜬 채 아끼고 아끼어 잊지 않고 노래를 하는구나.
어제는 붉은빛이 아우성치더니
바스락바스락 시린 바람이 속 깊이 따라 부른다.

사오정 알레고리

여보, 크림이 얼굴에 충분치 않아.
에잇, 크림이 얼굴에 추해진다고.
아빠, 건넌방에 부침개 떨어졌어.
씨잇, 건넌방 침대가 떠내려간다고.

사오정 사오정 소리들이 메아리친다.
자꾸자꾸 사오정 알레고리가 웃는다.

엄니야

한 계절 휩쓸린 민들레를 엄니 두 손이 일으킨다.
양지바른 세월을 이고서 꽃부리가 발돋움을 한다.
민들레야 민들레야 엄니 허리가 한 계단을 오른다.

여러해살이가 쌓는 계단을 엄니가 오르고 오른다.
한 발 한 발 곧추선 꽃부리들 노란 안부를 묻는다.
엄니야 엄니야 민들레가 허리 한껏 펴고는 웃는다.

여름밤 소년

갓 밝아진 부뚜막에서 촉촉한 참외들이 꼬물거리고,
여물을 끓이다가 아궁이가 배시시 참외를 쳐다보고,
할아버지 젖은 손을 잡은 참외가 몸을 부르르 턴다.

할아버지 함지박에 노란 빛깔 참외들 들썩들썩 한다.
참외 한 입 깨물자 이불 속에 커다란 지도 펄럭댄다.
여름밤 할아버지 웃음 들으며 소년은 꿈속으로 간다.

몸에 지구 나이가 산다

초신성 폭발 때 생긴다는 금은
몇 살인지 사람 어금니를 가득 채우고 산다.
새벽에 기지개를 일으킬 때마다
골반기저근도 별들에게서 은빛을 먹고산다.
수壽의 서정시는 수數가 서정시라는 것을
피타고라스도 지구에서 알았다.
지구가 사람 몸 팔만사천 개 구멍으로
급히 들어와 별의별 것을 놓고 나간 날이다.

해부학자이자 근육 학자이며 생물학자인
키 큰 콘트롤로지 식당 농부를 만난다.
구백 살이라는 사람이 지구 물길이
얼마나 몸을 지나갔는지 모르겠다고 질문한다.
돼지갈비찜 먹는 지금 얼마나 많은
음식 나이를 입안 가득 깨무는지 모른다 답했다.
식당 안 사람들이 온갖 나이를 먹고 나가자
문 앞 흰둥이 하품 속에 밤이 찾아든다.

팬

옆집 사내아이가 아침마다 운다.
그 눈물방울이 무슨 말을 하는지,
그 소리 문 두드리면 나가보자 했다.

시끄럽게 계속 문을 두드려댄다.
곧 울음소리가 문을 열고 나오는데,
울음이 노래가 된다 팬이 되었다.

치마 입은 꽃

운동회 날 하얀 치마를 입은 녀석이 나타났다.
푸른 눈들이 고갤 돌리고 꽃들이 활짝 웃는다.
이글이글 비추던 해가 나뭇잎 사이로 비킨다.

젖은 몸매를 뽐내며 동글동글한 녀석이 달린다.
배꼽을 가리면서도 먼지들에게 알몸을 뽐낸다.
휘날리게 응원하는 꽃은 치마 입은 국화꽃이다.

두 소년

문방구 누나를 쳐다본 날 잠을 못 잤다고 했지. 색종이에 사랑을 써서 종이학을 접어 주었다. 멀리 도망가서는 몰래 돌아가고 싶은 마음도 들었다는데, 그때 친구가 내 이름으로 편지를 주며 어쩔 줄을 몰라 했다고 한다.

문방구에 가 친구 마음이라 말해주고 싶었지. 친구도 전학 가는 날 누나에게 천 번 접은 종이학을 주었단다. 누나에게 마음만 주고 간 친구의 소식은 영영 알 수가 없었다. 그날부터 문방구 앞에는 두 소년만 남아 있다.

구두가 할 일

낡은 구두를 닦은 도신*이 마애불을 찾으니 시끌벅적하다.
마애불께서 멀리 출타 하신다고 스님들이 부산을 떤다.
고무신 대신 낡은 구두 섬돌에 얹어놓고 어찌할 줄 모른다.

소원이나 잘 받아놓으라며 껄껄껄 웃는 저 분이 마애불이신가.
섬돌 위에 검정 고무신 갖다 놓고 낡은 구두는 잘 닦아 놓으란다.
못생긴 구두가 보살들 맞이하면 근심들은 염불 호강시키란다.

*도신 : 법명.

박스 할머니

박스를 접어 리어카에 쌓는 꼬부랑 할머니가
물 한 잔 줘봐 하면 까치들이 깍깍 노래한다.
할머니 젊은이에게도 물 한 잔만 줘 봐 한다.

할머니가 차를 못 타겠다 차가 싫다고 한다.
까마귀 까악까악대자 여기서 돌지 말라 한다.
바빠 동동거리는 젊은이 얼른 박스를 줍는다.

나비가 꽃바람을 타야지

꽃바람이 대문을 열어젖히자
입술을 내밀며 달려드는 삽살개.
늙어도 꽃바람이 불어오자
끙끙거리다 신나게 빙빙거리는 야옹이.
그 꽃바람 타고 온 사촌 누이
콧불이 툭, 개나리 꽃망울을 터트린다.

대문을 확 열고 꽃이 왔네
순이 왔네 콧노래 부르며 들어선 순길이.
개나리 향기를 맘껏 마시던
사촌 누이가 콧방귀를 흥흥 쏘아댄다.
호들갑 피는 오빠야
나비가 꽃바람 타야지 촌티를 피우면 되겠나.

|해설|

사물(자연) 존재와의 교감에서 우러나는 해학 짙은 서정

—송창현 시인의 두 번째 시집을 읽고

박완호 | 시인.

시인은 제각기 다른 자리에서 시를 마주치고 각자의 독특한 방식으로 시를 낳는다. 시가 태어나는 특별한 자리를 찾아 세상을 두리번거리거나 어딘가로 떠나갈 궁리를 잠시도 멈추지 않는 시인들이 있는가 하면, 남들과 똑같은 일상을 머뭇거림 없이 살아가면서도 순간순간 마주치는 존재들을 낯설게 겪어가며 아무 데서나 툭툭 시를 써대는 시인들도 있다. 어느 편이 더 낫다고 할 수 없는, 모순된 것처럼 보이지만 실상은 같은 현실에 뿌리를 두고 있는 두 가지 방식의 경계를 수시로 오가며 각자의 생리대로 끊임없이 시를 써나가는 것이 시인에게 주어진 몫이라 할 것이다.

송창현의 시는 삶의 주변에 존재하는 자연과 사물에 대한 관찰을 바탕으로 '나'의 바깥에서 벌어지는 크고 작은 사건들을 자신의 시각에서 바라보며, 그 속에서 길어 올린 독특한 '감응'의 정서를 소박하고도 웃음기 짙은 서정이 깃든 문장으로 형상화하는 성격을 지닌다. 시인은 삶의 주변에서 마주치는 크고 작은 사물(자연) 존재가 저마다 지니는 의미 맥락을 시인 특유의 따뜻하면서도 해학적인 눈길로 짚어내어 누구나 쉽게 공감할 만한 언어표현을 통해 여과 없이 드러내려 한다. 그의 눈에 비친 사물(자연)들은 시인 특유의 뛰어난 공감 능력에 의해 인간화된 존재들이며, 인간-사물 사이의 일체감을 통해 새로운 숨결을 부여받은 자연(사물)이 빚어내는 자연스러운 화음은 정형률에 가까운 리듬감과 결합하여 깨알 같은 웃음을 내포한 잔잔한 서정의 형태로 구현되고 있다. 그의 발길은 사물(자연) 속으로 깊이 파고들려는 대신 삶의 주변에서 순간순간 마주치는 무수한 존재들의 외면에 내비치는 이미지를 통해 끄집어낸 의미를 가볍게 데생하는 양상으로 나타난다.

> 감나무 아래에서 감을 바라보면서도 감을 못 잡는다.
> 앙상한 가지 부르르 부르르 꼬셔대도 헛춤만 추어댄다.
> 알아듣지 못하는 소리 감지덕지 감지덕지 주문만 왼다.
>
> 넓은 하늘이 요동칠 때 감이 주홍 눈빛으로 반짝인다.
> 어쩌다가 찬란한 선홍빛 찬란한 감 하나가 외눈을 뜬다.

날빛이 흔들리는 감나무 아래 젖은 감이 얼굴로 떨어진다.

-「감을 못 잡는다」 전문

산비탈이 제비꽃을 못 본 지 한참 되었다고 투덜댄다.
제비가 오면 꽃들도 지지배배 지지배배 날개짓 한다.
꽃에 비틀대는 제비들 깔깔 웃다 엄니 볼을 꼬집는다.

제비꽃 피는 이야기에 해를 삼키는 서산이 슬깃 멈칫한다.
날갯짓하던 제비가 온데간데없이 엄니가 홀로 누워있다.
엄니가 밥 먹으라 호통치자 귓불에 꽃자국이 생긴다.

-「제비꽃 반지」 전문

송창현의 시에는 자연(사물)과 교감을 나누는 여러 방식이 나타나는데, 「감을 못 잡는다」에서 화자와 자연(사물) 간의 상호 응시를 통해 이루어지는 관계 맺음의 형태를 확인할 수 있다. 그것은 "감을 바라보며 감을 못 잡는" 화자의 맞은편에서 그런 그의 모습을 '바짝 쳐다보는 마른 감(눈을 뜬 선홍빛 직감)'이라는 표현을 통해 자연스럽게 나타난다. 상호 응시를 통해 서로 속내를 주고받는 사물(자연)들은 대소大小나 우열이 아닌 서로 간의 동등한 관계를 바탕으로 세계 속에 자리하는 무수한 타자이며, 그러한 방식을 통해 시인은 삶의 주변에서 마주치는 사물 존재를 대하는 자신의 마음가짐을 숨김없이 드러낸다. 그가 자연(사물)과 교감하는 또 다른 방식은 「제비꽃 반지」에서 보여주듯, 자연(사물)과 자연(사물)이 가까이서 속내를 나누는 장면을 응시(관찰)하는 '나'라는 존재의 눈을 통해 자신이 살아가는 세계가 어떤 의미를 지니고 있는가를 드러내는 것이다. "제비꽃 피는 이야기에 해를 삼키는 서산이 솔깃 멈칫"하는 모습에서 '엄마'를 떠올리는 것처럼, 관찰자인 화자는 자연(사물)과 자연(사물) 사이의 친밀한 교류를 적당한 거리를 두고 바라보면서 거기서 '나'의 경험과 상처를 환기하는 것이다. 그러한 두 가지 교감의 방식을 바탕으로 시인은 자기 삶 속에서 마주치는 크고 작은 존재들과 적절한 거리를 유지해 가면서 다양한 형태와 깊이의 관계를 맺는 한편, 그들과의 진지한 소통을 통해 파악해낸 의미들을 자기 고유의 시 쓰기를 통해 독특하게 형상화하려는 것이다.

공업사 정비공 서 씨가 눈물을 흘린다.
망치를 두드릴 때마다 땀방울이 솟는다.
트렁크가 살아날 때마다 기쁜 소식이다.

서 씨 눈이 밤을 넘기며 울먹울먹인다.
잦아지는 숨소리가 집으로 가자 한다.
굽은 등골이 와르르 눈물샘을 쏟는다.

-「눈물샘」 전문

박스를 접어 리어카에 쌓는 꼬부랑 할머니가
물 한 잔 줘봐 하면 까치들이 깍깍 노래한다.
할머니 젊은이에게도 물 한 잔만 줘 봐 한다.

할머니가 차를 못 타겠다 차가 싫다고 한다.
까마귀 까악까악대자 여기서 돌지 말라 한다.
바빠 동동거리는 젊은이 얼른 박스를 줍는다.

-「박스 할머니」 전문

자연(사물)을 대할 때와는 달리 일상적인 삶에서 구체적으로 마주치는 인간 존재들을 대하는 시인이 눈길에는 따뜻한 연민의 정서가 배어 있다. 눈물을 흘리는 '공업사 정비공 서씨'(「눈물샘」), 아침마다 우는 '옆집 사내아이'(「팬」)를 바라보는 화자의 시선에 깃든 연민의 태도는 시인 특유의 해학적 기질과 결합하여 단순한 슬픔을 넘어서려는 자세를 보여준다. "작은 이야기를 통해 해학의 깊이를 보여주고 있다"라는 백인덕의 빼어난 지적(『와락, 능소화』 해설)처럼 사소하고 자잘한 존재들 속에 깃들어 있는 은은한 미소를 끄집어내어 자기만의 독특한 해학과 결합하여 웃음기 짙은 서정시로 표현해내는 것은 송창현 시가 지니는 고유한 기질이라 평가할 만하다. "아침이 출렁이고 참새들이 짹짹짹 이슬을 채취한다./할머니가 바가지로 이슬 거두어 소주병에 채우신다./참새들 홍얼대고 할머니와 이슬들이 장단을 맞춘다."(「참새와 아침」)에서 펼쳐 보이듯, 동시童詩적 감수성과 맞물린 그의 해학적 기질은 시인만이 지닌 순수하고도 개성 있는 서정에 바탕을 두고 있으며, 그 또한 "물 한 잔 줘 봐하면 까치들이 깍깍 노래한다./할머니 젊은이에게도 물 한 잔만 줘 봐한다."(「박스 할머니」)에 나타나듯 삶의 주변에서 순간마다 마주치는 존재들을 연민 섞인 눈길로 바라보는 그의 태도와 깊이 연결되어 있다.

물웅덩이에 자갈이 쏟아지고
흙탕물에 풍덩 빠져도 얼굴을 내미는 꽃,
꽃을 더 깊이 심기 위해 꽃뿌리가
발톱이 빠지도록 자갈을 후벼 판다.
귀머거리인 듯 벙어리인 듯
우두커니 연못에 커다랗게 드리운 꽃,
왼쪽 추억밭으로도 쓰러지지 못한,
오른쪽 대지로도 나아가지 못한,
누군가의 멍울진 가슴으로도
달려가지 못하는 질편함 위에 서있는 연정.
일찍이 저물녘 그림자가
계절을 넘나들 때마다 산 목숨이라고 울어댄다.
여름밤 장맛빗 파도에 노닐다가
가을을 껴안고 떠나는 이웃을 본다.
꽃잎이 숨 쉬면 상처가 철썩.
꽃빛이 숨 쉬면 연분홍 물빛이 일렁.
저물녘이 떠나고 일몰이

겨울 연못에서 허리가 휘도록 꽃씨를 심는다.

–「연못에 상처 한 송이」 전문

「연못에 상처 한 송이」는 자연(사물)-화자 사이의 깊고도 따뜻한 교감을 통해 길어 올린 서정의 결을 토대로 마침내 한 덩어리가 된 '자연-인간'이 빚어내는 화음을 빼어난 시적 언어로 형상화하고 있다. "꽃을 더 깊이 심기 위해 꽃 뿌리가 발톱이 빠지도록 자갈을 후벼 파"는 모습을 바라보는 화자의 예사롭지 않은 눈길은 "귀머거리인 듯 벙어리인 듯 우두커니 연못에 커다랗게 드리운 꽃"에서 "누군가의 멍울진 가슴으로도 달려가지 못하는 질편함 위에 서 있는 연정"을 읽어내며, "꽃잎이 숨 쉬면 상처가 철썩. 꽃빛이 숨 쉬면 연분홍 물빛이 일렁."이는 장면에 이르러서는 '인간-자연(사물)이 본연의 일체감을 회복하여 아무나 가닿을 수 없는 어떤 지점에 다다르고 있음을 구체적으로 확인시켜준다. 대상에 대한 깊이 있는 관찰, 화자와 세계를 동시에 아우르는 상상력과 개성 있는 언어 구사 등이 보기 좋은 형태로 어울린 「연못에 상처 한 송이」 같은 시는 송창현 시인이 꿈꾸는 시의 뜻깊은 결실 가운데 하나일 것이다.

여름 새벽이 가을 선선함을 데려온다. 아침에 다시 더워진다. 더위가 그렇지 본전이다. 갈바람이 문앞에서 주뼛댄다. 비를 만나자 활개 친다. 비가 떠나자 바람 잘 날 없던 것이 본전이다.

아이가 온종일 울기만 한다. 엄마를 보고는 말없이 웃는다. 질퍼덕 슬픔이 본전이다. 우체부가 우편함에 책 봉투를 넣다가 뺀다. 옆집 우편함에 넣는다. 빈 우편함에 책이 안 오는 이유가 역시 본전이다. 공원 나무가 빼곡한데 나뭇잎만 연신 왔다갔다 한다. 늦더위 바람에 썰렁한 것이 본전이다. 손바람이 딸 머리를 헝클어댄다. 엄니가 손녀 머릿결에서 처녀 때 향기가 난단다. 바람 같은 세월이 잠시라 본전이다. 소낙비가 발끝까지 닦고 지나간다. 채소 파는 난전 할머니가 외친다. 비가 불볕더위를 쓸고 가 풀 죽었던 채소가 파릇파릇 금방 팔린다. 한낮 찜통더위가 날아가고 동네 아줌마들 만나니 또 본전이다 본전이다 훙얼댄다.

–「낮이고 밤이고 본전이다」 전문

낡은 주걱이 솥단지를 긁는다. 부엌문 위 시계 초침 소리가 할머니 등으로 파도친다. 늦은 여름밤 할아버지 등줄기가 구불구불 자전거 페달을 밟는다. 땀방울을 업고 오는 소리에 할머니 눈망울이 보일 듯 말 듯 쫓아간다. 할아버지와 할머니가 온종일 젊어진 등을 감싸 안는다. 밥상머리에 하루가 들릴 듯 말 듯 백년을 이어간다.

한밤 휘어진 등으로 드르렁드르렁 울리는 것은 뼈아픈 속사정이다. 아무에게나 들려주지 않는 호젓한 인생길이다. 밤새 듣다 보면 할아버지 등줄기에 달빛 여인네가 담겨있다. 할머니 등줄기에 햇빛 남정네가 담겨있다.

별무리 내려앉은 옆자리에 주걱이 잠들었다. 새벽 콧방울 소리가 시계 초침 소리를 넘는다. 여름밤이 할아버지와 할머니 등줄기 마디마디를 꿰어간다. 지상에서 해와 달이 마주 보던 잠을 자던 향기가 바느질을 멈추지 않는다.

–「여름밤을 바느질하다」 전문

「연못에 상처 한 송이」, 「낮이고 밤이고 본전이다」, 「여름밤을 바느질하다」 등에서 거듭 확인할 수 있듯, 정형률에 가까운 리듬감을 겉으로 드러내는 대신 호흡이 안으로 갈무리되어 있는 산문시에서 시인의 장점을 더 잘 읽어낼 수 있게 된다. 「여름밤을 바느질하다」에 나오는 "낡은 주걱이 솥단지를 긁는다. 부엌문 위 시계 초침 소리가 할머니 등으로 파도친다. 늦은 여름밤 할아버지 등줄기가 구불구불 자전거 페달을 밟는다. 땀방울을 업고 오는 소리에 할머니 눈망울이 보일 듯 말 듯 쫓아간다. 할아버지와 할머니가 온종일 젊어진 등을 감싸 안는다"라는 표현처럼 인간 존재는 물론 시인의 상상력에 의해 인간화된 사물(자연) 존재들이 서로 어울리며 연출해내는 풍경이나, "한밤 휘어진 등으로 드르렁드르렁 울리는 것은 뼈아픈 속사정이다. 아무에게나 들려주지 않는 호젓한 인생길이다. 밤새 듣다 보면 할아버지 등줄기에 달빛 여인네가 담겨있다. 할머니 등줄기에 햇빛 남정네가 담겨있다."에 내포된 인간의 삶에 대한 깊이 있는 깨달음은 이 시인의 시를 훨씬 더 매력적으로 만들어주는 것으로 여겨진다. 이러한 시에서는 단순하고도 외면화된 리듬을 지닌 작품들에서 자연스럽게 떠올리게 되는 동시童詩에 가까운 성향이 상당히 극복되어 있으며, 복잡하게 얽혀 있는 존재들 사이를 두 손으로 헤치며 지나온 시인의 육성肉聲이 담긴 목소리가 전자에 비해 다채로우면서도 깊어진 울림을 담고서 긍정적으로 다가오기 때문일 것이다. 「낮이고 밤이고 본전이다」와 같은 시에서 자주 마주치게 되는 그의 도드라진 해학성은 시적 대상이나 상황을 가리지 않고 언제 어디서든 숨 쉬듯 자연스럽게 드러나는 시인 특유의 시적 기질이라 평가할 만하다.

송창현 시인의 시들을 처음 마주하는 동안 선뜻 떠오르는 느낌은 고전풍의 정형률에 가까운 리듬감과 의성·의태부사의 잦은 구사인데, 정형률을 띤 리듬감이 그의 타고난 동시적 감각에 뿌리를 두고 있다면 음성상징어의 빈번한 사용은 그의 시선이 사물(자연)의 내부를 향해 파고들려 하기보다는 사물(자연)의 외면에서 발생하는 현상에 주목하려 든다는 것과 긴밀하게 연관되어 있다. 사물(자연) 속으로 깊이 파고드는 대신 '나'와 '세계'의 경계에서 주춤거리는 듯한 시인의 태도는 삶에서 순간순간 마주치는 다양한 사물(자연) 존재가 풍기는 인상을 짧은 시간에 간파해내는 장점을 지닌다. 그러나 화자의 시선이 사물이나 세계의 외면에만 머물지 않고 안 보이는 어딘가에 은밀하게 깃들어 있을 무언가를, 한발 더 나아가 '자아'의 내면 깊숙이 파고들어 무의식 속에 잠들어 있던 자아의 진짜 얼굴을 발굴해내어 그것을 자기만의 육성肉聲으로 써내는 지점까지 다가가기에는 다소 모자람이 엿보이기도 한다. 「연못에 상처 한 송이」 같은 시를 통해 시인이 추구하는 시의 뜻깊은 열매를 맺어낼 수 있으리라는 가능성을 충분히 엿볼 수 있었지만, 장단점을 동시에 내포한 그 두 가지를 한꺼번에 담아내는 일은 그가 앞으로의 시작 과정을 통해 반드시 뛰어넘어야 할 과제일 것이다. 매 순간 자아의 안팎에서 마주치는 존재들과 깊이 있는 교감을 나눠 가며 자기만의 언어를 찾아가려는 치열한 시 쓰기 과정을 자산으로 삼아 자신이 지닌 사물(자연) 존재와의 남다른 감응 능력과 특유의 해학성을 극대화해나가기를 기대해본다.